经典润童年

我们的节日

主　编：孙　曙
副主编：张咏梅　叶　子　简真民
编　者：黄贵英　胡　苏

重庆出版集团 重庆出版社

图书在版编目（CIP）数据

经典润童年. 我们的节日. 小学高段 / 孙曙主编.--
重庆：重庆出版社, 2018.12
ISBN 978-7-229-13799-1

Ⅰ. ①经… Ⅱ. ①孙… Ⅲ. ①节日－风俗习惯－中
国－小学－课外读物 Ⅳ. ①G624

中国版本图书馆CIP数据核字(2018)第283662号

# 经典润童年·我们的节日 （小学高段）

JINGDIANRUNTONGNIAN · WOMENDEJIERI

孙曙　主编

责任编辑：汪熙坤　黄贵英
版式设计：周嘉畅
插图作者：青菜道长
封面设计：周嘉畅

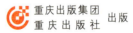

重庆出版集团　出版
重庆出版社
重庆市南岸区南滨路 162 号 1 幢　邮政编码：400061　Http:/www.cqph.com
三河市同力彩印有限公司　印装

开本：787mm×1092mm　1/16　印张：6.5　字数：100千
2018年12月第1版　2021年6月第2次印刷

ISBN 978--7-229-13799-1
定价：38.00 元

# 时光有序

自然馈赠以我们四季，且寒暑有序。春日万物滋长、清洁明净，和暖的东风一吹，百花次第盛放，千朵万朵压枝低；别院深深，过了立夏节气，气温一日日升高，樱红梅青，荷花满塘，夏天便翩然而至了；而后草木摇落，几场新雨消减了盛夏残存的余热，习习凉风送来了宜人的秋色；再几番雨雪落下复又消融，时令便来到了一岁的尾声，冬意盎然。如此循环往复，岁岁年年。

我们的先辈便是在这般光阴流转中，拥抱自然与土地，寻找到精神的丰盈。其间，分时立节，或辞旧迎新，或敬祀前贤，或祈福禳灾，或欢庆收获，而有春节、清明、端午、中秋、重阳……诸般节庆，成为我们这个民族永恒的血脉记忆、文化基因，陪伴每一个中国人共同走过山河大地，雨露晨昏。

今天，我们勉力拿起一支笔，铺开一卷纸，从过去出发，去寻觅不同年华里那熟悉又陌生的节日，编绘造册而成《经典润童年·我们的节日》一书，思接千载，幸甚至哉。从春节到腊八，十个节日，十位诗人，十位作家，不同的风物习俗，款款而来。我们期望，所有的孩子，当你拿到这本书的时候，能郑重心情，轻轻翻阅，在每一个节日里寻找到中国人的寻常日子与家园故乡。

而亦如习近平主席曾说过的："一个国家、一个民族的强盛，总是以文化兴盛为支撑的，中华民族伟大复兴需要以中华文化发展繁荣为条件。"这薄薄的一卷，承载着数位编者的赤子之心。我们期望优秀的传统文化能浸润每一位中国孩子的童年，能照亮每一寸中国人脚下的河山。

如今时光正好，我们也将继续……

编者

二〇一八年冬于嘉陵江畔

# 目录

我们的节日

春节　元宵节　春龙节　清明节　端午节　七夕节　中元节　中秋节　重阳节　腊八节

春节

福 福

宜 辞旧迎新

爆竹声中一岁除　　　　　农历正月初一

# 四海春光好，中华气象新

春节是中国人最看重的传统节庆。

广义的春节从年前的腊月二十三祭祀灶王爷开始，一直延续到正月十五闹元宵结束。人们在这段时间里，举行各种活动，送走旧一年，欢庆新年的到来。

其中大年三十除夕和正月初一，是中国人一年中最精心准备，也是最具有仪式感的两个日子。它们代表着中国人的岁尾与年初，人们都希望"爆竹一声除旧"，把不好的、旧的东西留给逝去的岁月，以"万象更新"的面貌去迎接新生活。也在此刻，归家的游子，守候的父母，大家欢聚一堂，其乐融融，互相倾诉累积一年的思念，将所有的期盼与祝福都变成欢乐与喜庆。

### 扫尘

"尘"与"陈"谐音，"陈"有"陈旧"之意。日常的扫尘，在春节来临之际别有一番新意："除旧布新"，扫除灰尘，以一个干净整洁的环境和万象更新的愿望迎接新年。

### 春联和年画

寄托着美好愿望的春联简洁精巧、对仗工整，烘托喜庆氛围的年画色彩鲜艳、题材丰富。春节期间，家家户户写春联、贴年画，寄托对新一年美好生活的祝愿。

### 放爆竹

爆竹在庭前炸开，寓意迎来神明、驱逐鬼怪。爆竹声中，辞别旧年，迎来和风送暖、桃红柳绿的春天。

### 祭祖

祭祖是春节最古老的习俗之一。祭祖一般在年三十，或到坟前祭扫，或把先祖的遗像挂在中堂正壁礼拜，以此缅怀先人，并许下新年美好的祈愿。

### 守岁

除夕之夜，家人团聚在一起，吃年夜饭，谈笑畅叙，熬夜迎接新一年的到来，称为"守岁"，也叫"熬年"。据说，年长者守岁为"辞旧岁"，有珍爱光阴的意思；年轻人守岁，是为父母积福延寿。

### 拜年

"拜年"指晚辈来到长辈面前，心怀恭敬，向长辈叩头行礼；平辈之间则是"贺年"，男子左手包右拳，女子右手压左手。两者所表达的都是祝贺新年快乐的美好意涵。

### 压岁钱

过年时的"压岁钱"寓意"压岁祈福"，由长辈分发，寄予了长辈对晚辈的美好祝福。古人也称压岁钱为"压祟钱""压胜钱"，其最早出现在汉代，最初给的并不是真钱，而是像钱币一样的玩赏物，有避邪压魔的寓意。

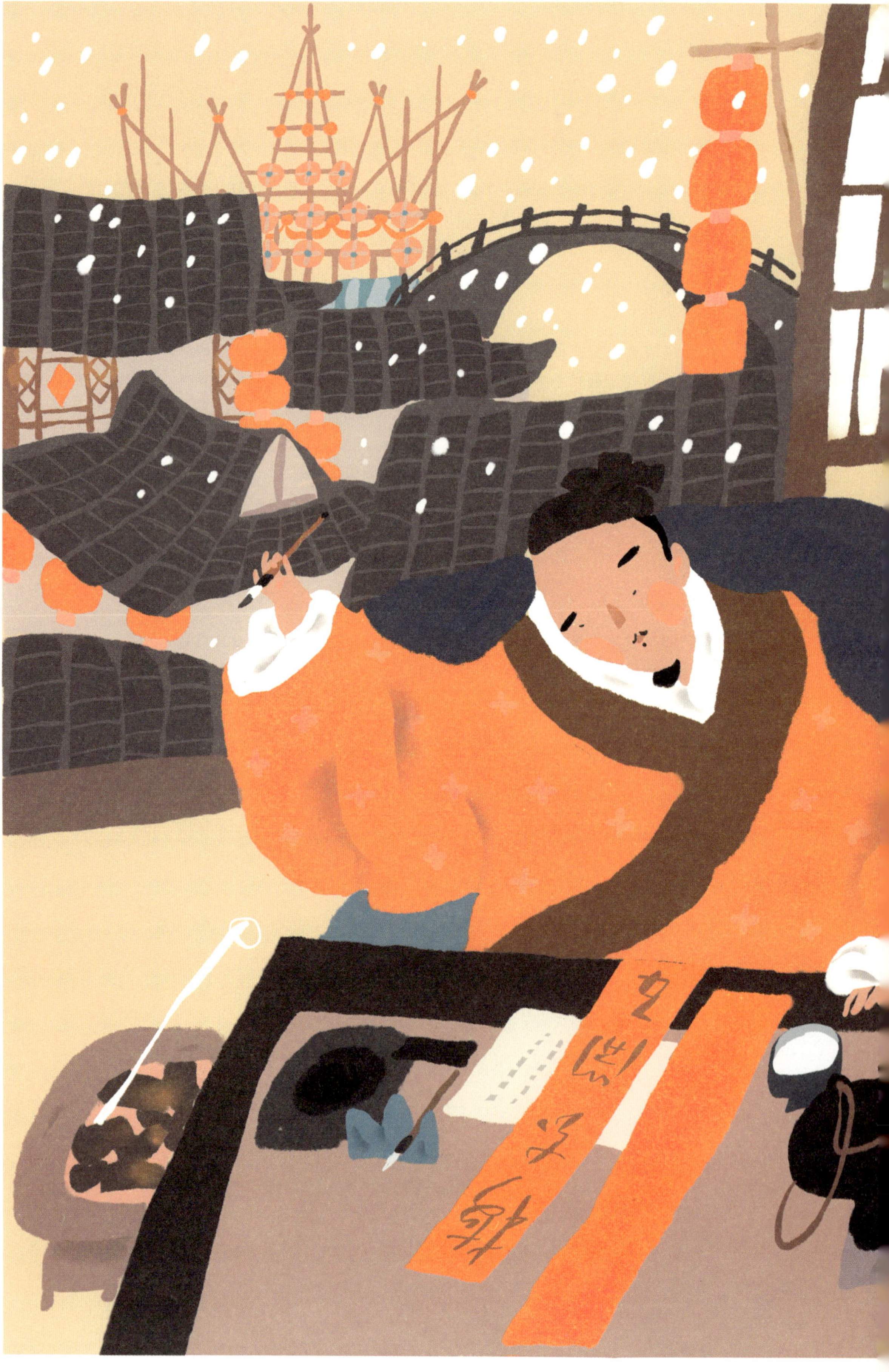

# 除夜雪

〔宋〕陆游

北风吹雪四更初，

嘉瑞天教及岁除。

半盏屠苏犹未举，

灯前小草写桃符。

四更：古人把一夜分成五更，每更大约两小时。四更，指凌晨一点到三点。

天教：天赐。

岁除：即除夕。

屠苏：酒名。古人在过年时喝屠苏酒避瘟疫、祈福。

小草：指汉字书法中的草书。

四更天初至时，北风带来一场大雪，这上天赐给我们的瑞雪正好在除夕之夜到来，兆示着来年的丰收。

盛了半盏屠苏酒的杯子还没有来得及举起庆贺，我依旧在灯下用草字体赶写着迎春的桃符。

这首诗洋溢着浓浓的新年气氛。纷飞的大雪和诗人辞旧迎新的心情相契合，情景交融，诗人的喜悦之情和对幸福生活的憧憬，跃然纸上。

# 滋味

文/张抗抗

那年春节，到外婆家过年。

春节的前几天，我得到了一些压岁钱。妈妈说，可以用它来买一样过年时自己喜欢的东西。我在小镇的街上转来转去，店里好像没有什么东西可买，我不知道应该拿这些钱怎么办。

后来我走到了卖鞭炮和烟花的小铺旁边。

那些五颜六色、花花绿绿的炮仗很快吸引了我。

我在那个小铺跟前站了很久，因为我拿不定主意到底应该买哪一种，说实话，我还从来没有自己买过鞭炮这种东西，那是男孩子玩的。他们总是当我们经过的时候，冷不丁地点燃他们手里的鞭炮，悄悄扔到我们脚边，听我们捂着耳朵尖叫，然后开心地乱笑。我下决心这次一定要买一种最好的鞭炮，让他们大吃一惊。

卖鞭炮的老头看我犹豫不决的样子，伸手递给我一支紫色的花纸筒，它差不多有一截甘蔗那么长短，比甘蔗更粗些。老头笑眯眯地告诉我说，这是今年的新品种，放在地上点着以后，会喷出像节日天空中的焰火那样金黄色的火花，很好看的。

我说那是像喷泉一样的么？他摇摇头，说是像下雨一样的。

那么就是金黄色的雨，一粒粒金光闪亮。这个景象一下子就吸引了我。

我数了数口袋里的钱，差不多刚好够买一支。

真够贵的啊，但它实在很诱人。我迟迟疑疑地站了好一会，最后掏出了我所有的钱。

回家的路上我举着那支纸筒一路疯跑，恨不得马上就把它点着。

可惜，离年三十还有好几天呢。外婆仔细端详着那支烟花，说这么珍贵的东西，一定要等到过年才能放的。妈妈说那就年三十吧，叫全家还有邻居都来看。

那真是一段漫长的等待。好像比一年还长，那几天里我整天心神不定、魂不守舍。那些只有春节才会得到的，所有好吃好玩的东西，比如新衣服新鞋子、灯笼、风筝，还有花生、糖果、粽子、年糕、汤圆、包子……与我枕边这个将会发出万丈光芒的烟花相比，统统的无滋无味，叫我提不起一点兴趣。

　　终于盼到了大年三十。早上一睁眼我就问妈妈，说现在可以放了吧。妈妈说，得等到吃过年夜饭，天黑了，放烟花才好看。于是那一天里，每隔几分钟，我便抬头看钟，时间从来没有过得那么慢，天空几乎一寸一寸地暗下来的。总算熬到了晚饭，丰盛的年夜饭我只草草吃了几口，便借故放下筷子溜了出去。空荡荡的院子里一个人也没有，家里的人那顿年夜饭吃得没完没了，我紧紧捏着那支纸筒东张西望，盼着大家快出来看我放烟花，有一会我甚至觉得天已经快要亮了。

　　终于，外婆拿着一盒火柴走了出来。大家都嘻嘻哈哈地涌了出来，很多双眼睛，在黑暗的院子里亮起来。我把纸筒小心地安放在平整的地面上，开始试着在风中划火柴点燃那支纸筒的引信。我的手发抖，点了好几次才点着，扔下火柴就猛地躲到了妈妈身后。"嗤"的一声，从地面上飞起了一串金色的火焰。像下雨，又像喷泉，还像是风中摇摆的稻穗，在眼前飞舞蹿腾，把周围黑暗的夜空照得雪亮。我们睁大了眼睛叫着跳着拍着手跺着脚，我们不知该怎么欢迎它，也许我们应该把全镇的人都请来同我们共享这美丽的欢乐……

## 读与写

### 精准的动作，传神的心理

　　前文中有很多动作描写和心理描写，有兴趣的同学不妨找一找，品一品。你会发现因为这些描写，文字更富有画面感，读者也更有一种身处其中的代入感。学会这些，你也能写出很棒的作文哟。

元宵节

福 福

宜 吃汤圆
赏花灯
猜灯谜

东风夜放花千树　　　　农历正月十五

## 灯树千光照，
## 明月逐人来

在中国人的传统历法中，每年第一个月圆之日被称为元宵节。元是初始，宵是夜色，这是一个和月亮、和夜晚有关的日子。

新一年的月亮在这一日第一次圆满，也因此，元宵节总是被人们珍视，以慰藉这世上太多的分离惜别。赏灯、吃汤圆是元宵节最重要的仪程。汤圆浮于汤中，就像天心的圆月，象征团团圆圆的美好。长街宽巷耀眼的彩灯，凤箫声动，玉壶光转，一夜鱼龙舞，这是又一番的热闹欢愉。

也如此，元宵节便在那阑珊的夜色里成为年节的尾声，当清晨再一次打开门时已然是寻常日子的山朗水清、安安稳稳。

### 吃汤圆

汤圆是正月十五的节令美食，也叫作元宵。汤圆浮在汤中，就像空中圆月，象征着团圆吉祥。所以在一年中第一个月圆日——元宵节吃汤圆，更有着月圆人圆的喜庆。

### 观灯

元宵节也被称为灯节。相传，最早是汉明帝为了弘扬佛法，下令正月十五夜在皇宫和佛寺内"燃灯表佛"，由此形成了元宵节挂灯、打灯、观灯的习俗。千百年来，每到正月十五，家家户户都会张灯庆祝，长街小巷里到处彩灯摇曳，人们也尽情外出游赏，热闹非常。

### 猜灯谜

猜灯谜也叫"打灯谜"，由猜谜语发展而来。元宵节，人们将谜语书写在灯上，挂在长街两旁，供游人猜测玩耍，所以称为"灯谜"。

### 舞狮

古人将狮子视为勇敢与力量的象征，认为它能驱灾镇妖、保佑平安。后来形成了在元宵节或其他节庆活动中舞狮的习俗，以祈求生活吉祥如意、事事平安。

# 上元夜

〔唐〕崔液

玉漏银壶且莫催，

铁关金锁彻夜开。

谁家见月能闲坐，

何处闻灯不看来。

玉漏银壶：指更漏，一种古代的计时器具。具体是用铜壶盛水，壶底打通一小孔，壶中立刻度箭，当壶中的水逐渐减少，箭上的度数就依次显露，以此计时。

铁关金锁：指城门。唐代时不允许百姓在夜间随意外出，但在元宵夜会解除宵禁，允许人们通宵游玩尽兴。

元宵之夜，宵禁解除，人们可以彻夜游玩，好生惬意。可是那计时的更漏，你不要这样一声比一声紧地催促呀，也不要过得那么快，今夜的城门要一直开到天亮呢！

晚饭过后，穿着新衣的人们，按捺不住心中的喜悦，迫不及待地走出家门，携一家老小，邀三五好友，兴高采烈地看花赏灯去。

全诗描绘出人声鼎沸、车如流水马如龙的京城元宵夜景，而且给人以无限回味的余地，言有尽而意无穷。

# 打灯笼

文/王亚鸽

北方过年常常下雪。或日暮时分，大雪纷纷而降；或于严寒的清晨，一觉醒来，人们惊讶于天地间一片浩然。

过了正月初一，十里八村便开始走亲访友，祝福新年。田野上阡陌纵横，人们你来我往，咯吱咯吱走在雪地上。

到了初三，舅舅们就开始送灯笼了。在年味开始变淡的正月初五，招娣终于盼来了舅舅。

和往年一样，舅舅送来了一对灯笼。在雪地上打灯笼要十分小心。怕地滑跌倒，又怕风吹烛灭。

村巷里，夜色如海。早有许多灯笼，如点点渔火，远远近近，起起伏伏。

"招娣！"好朋友风儿在叫她。

"哎——"招娣连忙举起灯笼应了一声。

于是，几个小伙伴来到一处，目光落在彼此的灯笼上。

"哇，你的是牛粪灯笼，好好看！"风儿指着招娣的灯笼说。

"你的是莲花灯笼！"招娣瞪大了眼睛。

"看我的火罐灯笼，是我舅舅今天给我送来的。"慧慧把她的灯笼挑得高高的。

每一盏灯笼都很美。

看完灯笼，小伙伴们便打着灯笼在村巷里游走。

"呼"一阵冷风，大家惊叫了一声，慌忙去护灯笼。小火苗一阵摇曳，风过之后，才重新站稳。招娣的灯笼却灭了。她取出小蜡烛，从慧慧的灯笼里借火。大家紧紧围成一圈，把风挡在外面。招娣的灯笼又亮了起来。

巷子那头也有几盏灯笼，招娣她们朝那边走去，快到跟前，听见了男孩儿的声音，慌忙停住脚步。

那几盏灯笼已经趾高气昂地过来了，就在招娣她们刚刚看清对方的脸时，男孩们冷不防用自己的灯笼朝她们撞去。在女孩儿一片惊叫声中，他们哈哈大笑着跑开。

夜越来越冷。村里静得连狗吠声都听不到了。

"蜡烛快烧完了。"风儿说。

招娣望着灯笼里剩下的一点幽光，却站着不动。

"招娣，几点了，还不回来！"

听见妈妈急切的声音，她们急忙往回走，边走边约明晚早点出来。

转眼之间，已经是正月十五。

清晨，在一片噼噼啪啪的鞭炮声中，招娣醒来。

鞭炮声听起来不像大年初一那么热闹，有点凄凉，仿佛在说："年过完了，年过完了！"整整一天，无论做什么，招娣心里总是空落落的。

这是最后一晚打灯笼了。太阳刚落下去，招娣就点亮灯笼出了门。一盏盏红灯笼，一阵阵笑语声，晃晃漾漾地浮在暮色苍茫的村巷。空气中闻得到鞭炮留下的火药香。

"招娣！快过来，我们来玩转圈圈。"风儿喊道。

招娣快步走了过去。风儿、慧慧，大家都来了。灯笼围成一圈。火罐灯笼、莲花灯笼、牛粪灯笼，所有的灯笼都被其他灯笼照亮。

"灯笼会，灯笼会，灯笼灭了回家睡。"大家一边转圈，一边唱。

月亮渐渐升高。大家转累了，就站着看围成一圈的灯笼。

"碰灯笼了！碰灯笼了！"不远处有人在喊。

循声望去，巷子那头许多灯笼摇摇晃晃地碰在一起。

"这么早就碰灯笼了吗？"招娣吓一跳。

可是蜡烛眼看就要燃尽，必须要在灯笼灭之前就碰。她可不想让舅舅害红眼病。

不知是谁开头碰的，大家笑着喊着，碰了起来。

一时间，所有灯笼都烧着了。大家忽然安静下来。

招娣看着火舌一点、一点地，把灯笼烧成一个黑乎乎的洞。

晚上，外面一片寂静，招娣躺在炕上，心里充满了说不出的失落。

"年就这样过完了？为什么不能一直过年呢？"

打灯笼的好多回忆一幕幕浮现在眼前。

泪眼蒙眬中，她的牛粪灯笼又亮了起来。那团柔和的光，渐渐填满她的心。

她想起去年正月十五晚上，也是这样难过，不是今年又过年了吗？

"明年还会过年啊！"想到这里，她的嘴角浮出一个浅浅的笑。

在那团灯笼的亮光中，她进入了梦乡。

读与写

### 有温度的心理描写

本文的主题——对传统渐渐丢失的不舍、淡淡的离别乡愁以及在希望中慢慢长大，是通过对女孩招娣一系列的心理变化的描写徐徐铺陈而来的。从招娣期盼挑灯笼，到点亮、燃烧、熄灭，再到重新心怀期待，富有变化的心理描写让文章更加真实、生动、情真意切。

春龙节

龍抬頭

宜 敬土地与龙
剃龙头
挑野菜

一畦春水辘轳声　　　农历二月初二

# 二月湖水清，
# 家家春鸟鸣

春龙节是一个与农事、与土地有关的节日。

农历二月，枯黄了一冬的草木苏醒过来，各种植物都争先恐后地萌芽生长。也是从这时候开始，每每黄昏来临，天上的"龙角星"就出现在东方地平线上，是为莺飞草长、大地回春的象征。二月二也因此得名"龙抬头"。

先民在这样一个春耕临近的日子，敬龙祈雨，奉祀土地，希求皇天后土保佑一年的风调雨顺、五谷丰登。妇姑童稚走进郊野，试寻野菜炊春饭；大人再与孩童一同去剃头理发，剪下积蓄了一个正月的头发，讨个好兆头，求一整年的吉祥。

如今，春龙节的仪式与禁忌诸般事渐少，然而那一份对土地与自然的敬畏与亲近，是中国人心灵深处永恒不变的温暖。

### 除虫、薰虫

二月二在惊蛰前后，是春回大地、农耕开始之时，也是百虫出蛰、蠢蠢欲动之时，故民间有清扫、拍打、撒灰等除虫、薰虫的岁时活动。

### 剃龙头

百姓选择在这一天理发剃头，并称之为"剃龙头"，寓意鸿运当头、福星高照。

### 引龙

旧时人们在二月初二清晨挑水回家，一路上水迹绵延，叫引龙入宫，据说能给家里带来财运与吉祥。还有一种撒灰引龙，也叫"引钱龙"，是用草木灰或者石灰等，从大门外一直撒到灶间，并绕水缸一周，引龙出世，以祈求风调雨顺、五谷丰登。

# 二月二

〔唐〕白居易

二月二日新雨晴，
草芽菜甲一时生。
轻衫细马春年少，
十字津头一字行。

菜甲：青菜初生的叶芽。
细马：骏马。
津头：渡口。

二月二日新雨初霁，小草和田畦里的菜都长出了嫩芽，呈现出一派春意盎然的景象。而十字码头，一群身着轻衫牵着骏马的少年正徐徐走着。

二月二在唐代也称为"踏青节"，此时大地生机盎然，百草萌生，正是踏青出游的好时节。诗文抒写踏青见闻，描绘了春回大地、万象更新的景象。

# 春龙节

文/王早早

　　春眠不觉晓，处处闻啼鸟。睡梦中憨憨的福娃，迷迷糊糊地背首古诗。"哥哥，哥哥，快醒醒，爸爸要唤龙了。"妹妹喜宝一边使劲儿地摇晃着福娃，一边大声喊，"快来看呀，哥哥不害羞，哈喇子流了一枕头。"

　　福娃就要发火，忽然"啪啪啪"，堂屋内传来了一阵清脆的敲击声。对了，今天是二月二，爸爸开始唤龙了。福娃一骨碌爬起来，披上衣服，趿<sup>tā</sup>拉着鞋，一边向堂屋跑去，一边大声喊，"爸爸让我来。"

　　堂屋内，爸爸正举着长长的竹竿，虔诚地敲击着房梁。福娃知道这叫——唤龙，意思是每年二月初二要把冬眠的龙唤醒，唤龙之后还要用草木灰向鸭井台引一条灰龙；再用谷糠，从鸭井台向水缸引回一条金龙，还要打着灯笼到河边挑水——引田龙，然后孩子们便开始唱"二月二，龙抬头，大仓满，小仓流"的童谣了。

　　早饭过后，爸爸领着福娃去剃龙头。传说剃了龙头，会一年鸿运当头、福星高照。到了村子东头的理发屋，屋里早已挤满了人。

　　早起的李伯伯和赵叔叔已经坐在理发椅上开始理发了，福娃和小伙伴毛毛、泥豆玩起了叠纸包的游戏。剃完了龙头仿佛一下子精神很多的福娃拉着爸爸向米花李家奔去。

　　米花李的爆米花远近闻名，因为火候掌握得好，所以爆出的米花又大又香。如果喜欢吃甜的，还可以加点白砂糖。米花李的门前已经排起了一条长龙，他正不停地摇动着爆米花机的手柄。

　　"要开啦！"人群中不知谁喊了一声，孩子们吓得从爆米花机旁边一哄而散，紧接着"砰"的一声，爆米花机在米花李的脚下炸开了锅。孩子们欢笑着，冲进了一股香喷喷的诱人暖气中，急急忙忙地捡起散落在周围的爆米花，一边捡一边往嘴里塞。

　　炸好了爆米花后，福娃高高兴兴地抱着战利品，和爸爸一起急忙往家里走，因为小馋猫妹妹还等着呢。福娃有些好奇，"爸爸，为什么二月二一定要吃爆米花呢？"

　　"爆米花不一定非要二月二吃，"爸爸解释道，"但二月二吃爆米花可是有个故事的，传说玉帝由于不满武则天当女王，就下令三年内不许向人间降雨，但龙王不忍心百姓们受灾挨饿，就偷偷地降了一场雨。玉帝知道后，将龙王打下天宫，压在一座大山下，山下立了一块碑，上写道——龙王降雨犯天规，当受人间千秋罪。要想重登凌霄阁，除非金豆开花时。人们为了救龙王啊，就到处寻找开花的金豆。到了第二年二月初二这一天，人们翻晒金黄的玉米和黄豆种子时，忽然发现它们就像金豆，炒开了花，不就是金豆开花吗？于是，家家户户爆玉米花、炒黄豆，然后供上开花的金豆。见此呢，玉帝就只好把龙王召回，继续掌管云雨了。"

回到家，妈妈已经把春饼、肉丝炒韭菜、醋熘绿豆芽和素炒粉丝摆了满满一桌，一家人围坐在一起幸福地吃着春饼卷。因为春饼巴掌大小类似龙鳞，所以吃春饼又叫吃龙鳞。喜宝还不时地偷偷往嘴里塞着爆米花，外面不知什么时间下起了春雨。爸爸看着屋外高兴地说，"二月二，龙抬头，今年丰收不用愁。"

**读与写**

### 分详略记事

春龙节里要做哪些事儿呢？想必读完前文的小读者都已经了解。印象最深的又是哪些呢？你一定记得"唤龙""吃爆米花"这两件吧。这就是作者分详略记事的妙处了。记事分清详写与略写，可以让文章读起来主次分明，令人印象深刻。

清明节

宜 扫墓祭祖
踏青赏春

梨花风起正清明　　　公历四月五日前后

# 晴风吹柳絮，
# 新火起厨烟

春分后十五日是为清明节。《岁时百问》说："万物生长此时，皆清洁而明净，故谓之清明。"此时气候温暖，燕子北飞，万物萌发，目之所及，山河大地一派春光烂漫之景。

在这样的日子里，远郊近野是藏不住的桃欢李笑、燕语莺啼。三三两两的人群踏春而行，他们披柳丝，穿花径，轻嗅自然，咀嚼春天。而更多的游衍忘归者相逢道中，莞尔一笑，眼中都是化不开的灿烂春光。同时，伴寒食梨花，寻青冢荒田，清明节又满含慎终追远的情怀。一杯浊酒、半叠纸钱，祭奠的是先人，追忆的是文明存续的脚步。这是一个生与死、欢欣与追忆相互交叠的日子！

### 祭祖扫墓

祭祖扫墓是清明节最主要的仪程。祭扫祖先或者离世亲人的坟墓，是慎终追远、敦亲睦族及行孝的具体表现，历来都被我们中国人重视。

### 踏青

三月清明节，正是春暖花开的好时节，山河大地呈现出一派勃勃生机。这时候，呼朋唤友外出游玩踏青最是相宜。也因此，千百年来，踏青春游都是清明节前后不可少的习俗活动。

### 插柳

受传统文化的影响，古人认为柳树可以驱邪，观世音菩萨也是以杨柳枝洒甘露济度众生。所以在清明节这个柳条发芽的时节，人们大都在门口插柳，或者头上戴柳以避邪驱虫。

### 蹴鞠

蹴鞠是古代清明节时人们非常喜爱的一种游戏。"蹴"就是用脚踢；"鞠"是外用皮革包裹，内里用米糠、毛发充实的球。蹴鞠也是现代足球的滥觞。

### 放风筝

在春风和畅的清明节放风筝，也是广受欢迎的活动。它不仅有助于放松心情、强身健体，许多地方的人们还相信把风筝放上天之后，剪断牵线，让其随风飘往天涯海角，可以除病消灾，给人带来好运。

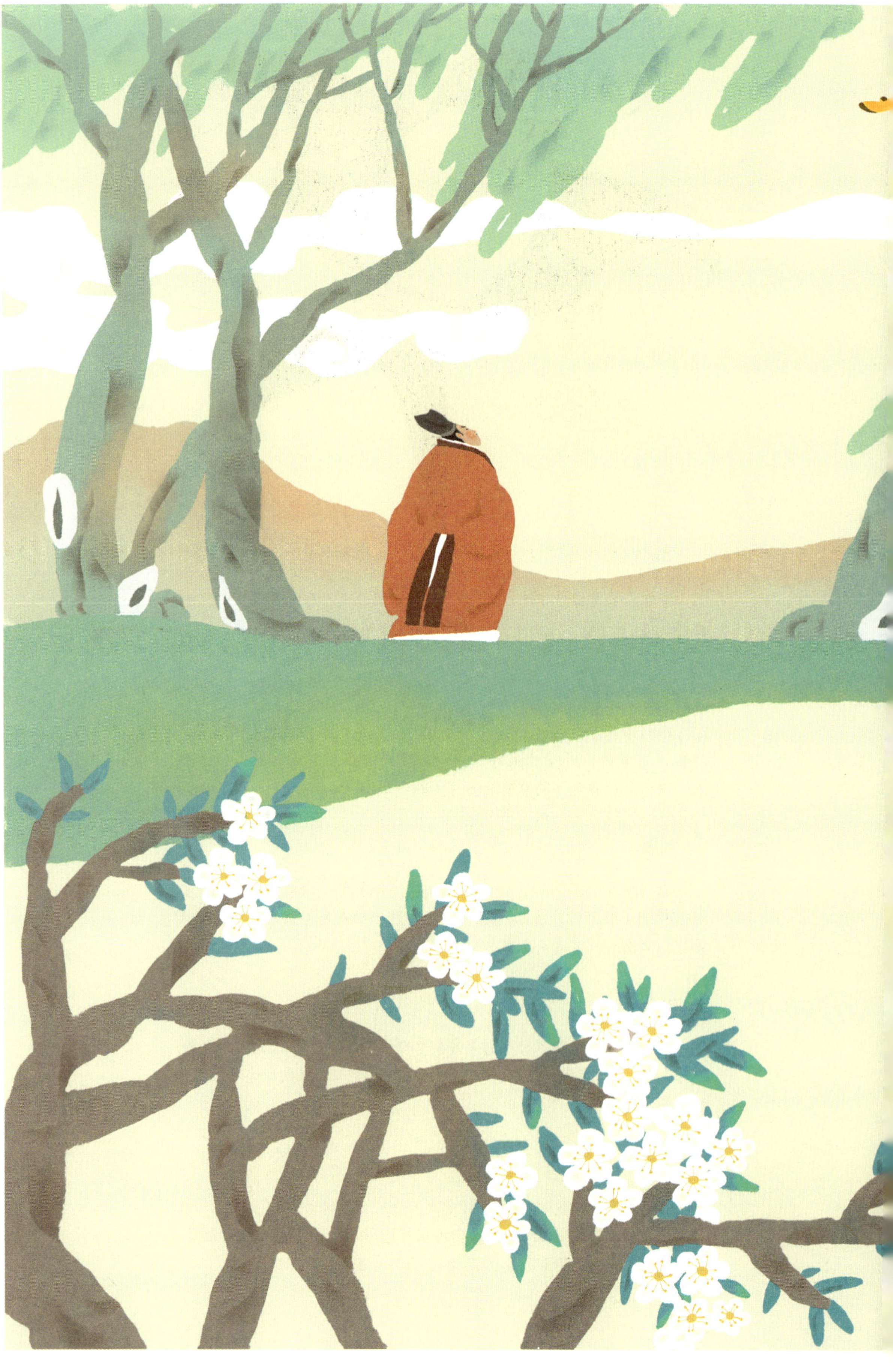

# 苏堤清明即事

〔宋〕吴惟信

梨花风起正清明，

游子寻春半出城。

日暮笙歌收拾去，

万株杨柳属流莺。

即事：对眼前的事物、情景有所感触而写的诗。

梨花风：梨树在暮春开花。梨花风，指春风。

笙歌：指乐器演奏者和唱歌的人。

流莺：飞翔的黄莺。

正值清明，和煦的春风吹绽了梨花，钱塘城中的人们多半出城赏春了。日暮时分，游人散去，笙歌消歇，只有黄莺的鸣叫声荡漾在苏堤边的万株杨柳之中，此起彼伏，清脆响亮，别有一番滋味。

读完全诗，能清晰感受到诗人对清明时节西湖美景的喜爱与赞美，以及热爱春天热爱大自然的丰沛情感。

# 纪念碑下的小花

文/徐鲁

星期天的早上，爸爸领着我来到一座小小的陵园里。这里真安静，看不见一个人影，只有一些鸽子在天空中咕咕叫着，还有一些快乐的小麻雀在草地上叽叽喳喳唱着歌，好像在说早上好早上好。

我看见一座白色的高大的纪念碑，就像一个巨人站在大地上，站在早晨的霞光里。一朵朵金色的小花在纪念碑的脚下仰着小小的脸庞散发出淡淡的清香，青青的小草也在纪念碑下闪着露水的光芒，还有一些小小的樱桃树静静守护在小草和小花身旁，像最亲爱的兄弟一样。"小花，你看，太爷爷在那边呢。"爸爸指着不远处一位老爷爷的背影说道。"太爷爷，我们来看你啦。"我朝着太爷爷跑过去。他是爸爸的爷爷，我叫他太爷爷。"哎哟哟，是小花来了，哈哈哈……又长高了不少。"太爷爷放下喷壶，高兴地搂着我。"太爷爷，您又在给小花浇水呀。"我帮太爷爷拿着喷水壶。太爷爷很老了，头发、眉毛、胡子都白了，背也驼了。可是他仍然愿意一个人住在这里，守着这个小小的陵园。"太爷爷，这些小花、小树都是您栽种的吗？""是啊，小花。嗯，太爷爷每天为它们浇水、松土，它

们每天也陪着太爷爷，陪着我那些好兄弟。"

我知道很久很久以前，太爷爷年轻的时候是一位勇敢的战士。为了保卫我们的家乡，他的很多好兄弟都牺牲在这里，也埋在了这里，只有太爷爷一个人活到了现在。"太爷爷，您很想念那些死去的兄弟吗？""那还用说呀。不过，小花，他们都没有死呢，只要太爷爷还没有死，他们就都还活着，永远活着，活在我的心里，一个个的还是那么年轻，生龙活虎的样子。"太爷爷说着又弯下腰，慢慢地给这些小花、小草浇着水，摘除着枯叶。小小的花朵好像都在朝太爷爷微笑。"爷爷，都过去几十年了，您千万不要再难过啦。"爸爸走上前搀扶着太爷爷说。"不，孩子啊，我不难过，我天天在这里守着他们，想着他们，替他们每个人看看自己的家乡，心里踏实啊！"爸爸陪着太爷爷坐在纪念碑下面的台阶上休息，我使劲提起喷水壶，学着太爷爷的样子给那些小小的樱桃树浇水。

当我回过头朝纪念碑那看去的时候，我看到明亮的阳光洒在太爷爷像核桃一样布满皱纹的脸上，就像是一位慈祥的妈妈正在用温和的手指抚摸自己心爱的孩子。这时候我突然想到也许将来有一天太爷爷也会躺在这里，和他的那些好兄弟躺在一起。眼前，飞过一些蒲公英的小花伞，我想起爸爸说过每一把白色的小伞上都有一颗生命的种子。我想太爷爷的那些好兄弟，他们的生命一定就在这些飞得又高又远的蒲公英的种子里吧。它们飞呀，飞呀，然后轻轻地降落。当新的春天到来的时候，它们又会开成一朵朵金色的小花，轻轻地摇晃着，向人们点头致意，好像在默默地祝福每一个活着的人，安睡在大地妈妈温暖的怀抱中。

## 读与写

### 用象征表情达意

作者赋予一朵小花、一株小草以生命，将真挚的感情和深刻的寓意寄托其中，使全文寓意深刻、耐人寻味，让人获得意境无穷的感觉。

端午节

福 福

宜 吃粽子
　赛龙舟
　吟咏诗歌

五色新丝缠角粽　　　　农历五月初五

# 端午临中夏，
# 时清日复长

当大地吹起南风，石榴花开照眼明时，端午节也就到了。

古人以天干地支纪年月日，正月为寅……五月为午，端意为初始，故农历五月初五这一日被称为"端午"。

然古人以五月为"百毒之月"，万物在五月生长繁盛，又天气渐湿热，毒虫也在此时滋生，瘟疫易行，先民多在端午日以各种习俗禳灾祛毒，祈求清洁平安。而后又有楚大夫屈原遭谗不用，五月初五日投汨罗江而死事，国人甚为哀痛，渐有端午节吃粽子、龙舟竞渡的遗俗。

千百年来，在初夏的中国大地上，端午节的芬香悠远浓郁。那芬香里有着原野的味道，有着诗歌的咏叹，更有着悠长岁月积淀的人文情怀。

### 吃粽子

粽子是端午节的节令美食。粽子也称"角黍"，以苇叶或竹叶包裹糯米成牛角状，煮熟食用，口感丰富。据传，屈原投江之后，人们不忍鱼虾损伤他的躯体，纷纷用粽叶包裹黍米投入江中，喂食鱼虾，民间也因此形成端午吃粽子的习俗。

### 赛龙舟

赛龙舟是端午节最主要的习俗之一。据传，古时楚国人因不舍屈原投江死去，便划船相救，之后沿袭成俗，在端午节赛龙舟以纪念屈原。

### 挂艾叶菖蒲

在端午节悬挂艾叶菖蒲也是必不可少的习俗。人们打扫庭院之后，将菖蒲、艾叶插于门楣，悬于堂中，以驱赶蚊蝇、虫蚁，净化空气。

### 戴香囊、系五彩线

据传，在端午节为儿童佩戴香囊、系五彩线有避邪驱瘟之意。香囊内装有朱砂、雄黄、香药，外面用丝布包裹，再用五色线弦扣成索，做成不同的形状。五彩线也叫五彩长命缕，系在小孩子的手臂上，传说可以防止蝎子、蜈蚣等五毒近身。

### 沐兰汤

端午日洗浴兰汤是《大戴礼记》中记载的古俗。兰指的是菊科的佩兰，有香气，可煎水沐浴。后来一般是煎菖蒲、艾叶等香草洗澡，以祛病祈福。

# 端午即事

〔宋〕文天祥

五月五日午，赠我一枝艾。

故人不可见，新知万里外。

丹心照夙昔，鬓发日已改。

我欲从灵均，三湘隔辽海。

新知：新结交的好友。
丹心：赤诚的心。
夙昔：昔时，往日。
灵均：指屈原。
三湘：指沅湘、潇湘、资湘，诗中指湖南一带。

文天祥不仅是诗人，还是著名的民族英雄。他曾被派往元军的军营中谈判，被扣留羁押。后来他机智脱险，但也因此一度被谣言所诬陷。为了表明心志，他愤然写下了这首诗。

五月五日端午节这天，你赠给我一枝艾草。那些故去的老朋友如今已不在眼前，新结交的知己也在万里之外。

往日能精忠报国之人，虽一片丹心未改，却已白发苍苍。而我想要从屈原那里得到一些慰藉，无奈三湘却相隔得那么遥远。

# 小艾的端午节

文/王轶美

小艾最喜欢吃粽子了。

"妈妈，什么粽子最好吃？"

"太婆包的粽子最好吃。"

太婆是小艾妈妈的外婆，已经88岁高寿了，住在一个江南古镇上。古镇是妈妈出生的地方，小艾从小住在繁华的大都市里，常听妈妈说起古镇，却从未去过。

"五月五，是端阳，门插艾，香满堂，吃粽子，撒白糖，龙舟下水喜洋洋！"妈妈随口哼起儿时的童谣，小艾觉得好听极了。

"妈妈，今年我们一起回古镇过端午，去看太婆，好吗？""小丫头，你是嘴馋，想吃太婆包的粽子吧！"妈妈刮了一下小艾的鼻子打趣道。

端午节到了，古镇家家户户的门窗上挂起了艾叶和菖蒲。一片云，一轮阳，水乡的早晨很热闹。吆喝声此起彼伏，乌篷船来来往往。上学的娃娃们打打闹闹过小桥，"太婆，太婆，您在做啥呀？""我啊，在等囡囡。

她说五月初五就回来。"娃娃们吵着要吃太婆的粽子，搂着太婆躲猫猫，

"好，好，"太婆笑得眼睛变成了弯弯的月亮，"别闹，乖囡囡，放学后

一人一只粽子啊！"

太婆坐在自家门前，笑眯眯地包着粽子。一锅喷香喷香的粽子在太婆

家灶头的锅里煮着，这是囡囡最爱吃的。太婆包的粽子在水乡古镇是出了

名的，每年端午大伙儿聚在一起喝黄酒、赛龙舟的时候，有很多人排队等着吃太婆包的粽子。"好婆——"妈妈来到门前放下行李嗲嗲地喊道。"哎——"太婆放下正在包的粽子，眯起眼睛，抬起头大声应道。在88岁的太婆面前，30岁的妈妈又变回了那个当年扑到外婆怀里撒娇的小女孩。"小艾要有礼貌哦！快叫太婆。"妈妈蹲下身子叮嘱小艾道。"太婆——好！"小艾有些害羞，躲在妈妈背后，露出圆圆的小脑袋，向太婆问好。"乖囡囡，都这么大了，跟你妈小时候一个模样。"太婆把小艾搂在怀里，"瞧，这眼睛，这鼻子，这嘴巴，真像！"在太婆怀里，小艾感觉好温暖。

小艾唱起了童谣给太婆听，那是妈妈一直唱给她听的："摇啊摇，摇到外婆桥，外婆叫我好宝宝。请吃糖，请吃糕，糖啊糕啊莫吃饱，少吃滋味多，多吃滋味少。""好！好！"太婆听得乐开了花，没了牙齿的嘴巴张得好大好大，呵呵的笑声好响好响。

太婆为小艾亲手做了一个粽子香囊，红艳艳的煞是好看。小艾好喜欢，一直挂在身上。太婆又给小艾做了一顶虎头帽，虎虎生威，神气极了！端午节镇上好热闹，娃娃们头戴虎头帽，身上挂香囊，玩疯了。小艾饶有兴趣地观看小镇上的舞龙表演，小艾被邀请和娃娃们一起玩转圈圈的游戏，小艾东转转西瞧瞧玩得可开心了。

一点星，一弯月，水乡的夜很静。孩子们手中举着五颜六色的风车，在风中玩耍嬉戏。小艾放着河灯，许下心愿。河面上星光点点传递出绵绵思念。

说起端午节小艾心中还有很多为什么。为什么喝雄黄酒？为什么要赛龙舟？为什么吃粽子？为什么挂艾叶和菖蒲？为什么戴虎头帽？为什么挂香囊？为什么放河灯？

为了驱毒辟邪，为了纪念爱国大诗人屈原。关于端午，小艾想了解的事情、想听的故事还有很多很多。

圆脑袋，方身体，形态各异；甜粽子，咸粽子，样样好吃。白糖粽，水果粽，豆沙粽，红豆粽，香芋粽，火腿粽，香菇粽，莲子粽，八宝粽，还有咸肉栗子蛋黄粽……哇哦，令人馋涎欲滴。

在古镇这几天，小艾吃到了妈妈一直念叨的这世上最好吃的粽子——太婆包的粽子。

"妈妈，明年端午节我还要来。"小艾认真地说，"到时候，我来包粽子给你和太婆吃。"

"好。"妈妈亲了亲小艾温柔地答应。太婆听了眼里泛出点点晶莹的泪光。

小艾累了，躺在妈妈温暖的怀抱里闻着粽子清香的芦叶味道甜甜地睡着了。

今夜的月亮好美，像太婆、妈妈、小艾梦中幸福的笑脸。一盏一盏河灯默默地漂向远方，一直到达思念的尽头，古镇的静夜被照得好亮。

### 读与写

#### 贯穿全文的线索

  端午节有许多习俗，选择哪个习俗才能把文章写得生动呢？前文带给我们最大的启示就是要学会联系生活实际。《小艾的端午节》中描写了许多节日习俗，但有一个习俗在文中反复出现，成为贯穿全文的线索。你找到了吗？

七夕节

宜 观星拜月
听牛郎织女故事

天阶夜色凉如水　　　　农历七月初七

## 迢迢牵牛星，
## 皎皎河汉女

在七夕的夜晚，仰望高天上灿烂的星河，听爷爷奶奶讲牛郎织女的故事是无数中国人少年时最温柔可亲的记忆之一。

或许也因为牛郎织女的凄美传说，七夕天然成为女孩子更为中意的节日，自古便有"女儿节"之说。这一日，天上光华璀璨的织女星被遥想成了人间女子的保护神和寄托心愿之所在。女儿家姐妹相聚，在星月下焚香礼拜，许下心愿。而关于织女的想象，她那些巧慧特质以及与牛郎相互牵绊的故事，也在这一刻于人世间的巧笑顾盼间徐徐展开。

柔情似水，佳期如梦。牛郎和织女在这天鹊桥相会后，又将分别，直到下一年的七月初七。而光阴百代千年，于古人今人来说，"七夕"总有更为丰盛的情绪与寄托。

### 穿针乞巧

乞巧是指女子祭拜织女星，以祈求心灵手巧。在七夕之夜，女子手执五色丝线和连续排列的九孔针（或五孔针、七孔针）趁着月光对月连续穿针引线，将线快速全部穿过者称为"得巧"。

### 拜织女

拜织女也是女子间的风俗。在民间传说中，织女是一个美丽聪明、心灵手巧的仙女，人们便在七夕晚上举行祭拜仪式，向她乞求智慧和巧艺。

### 拜魁星

据传，农历七月七日也是魁星的生日，魁星是北斗七星的第一颗星，民间认为"魁星主文事"。古代读书人有七夕"拜魁星"之俗，祈求保佑自己考运亨通。

# 七夕

〔宋〕杨朴

未会牵牛意若何，

须邀织女弄金梭。

年年乞与人间巧，

不道人间巧已多。

未会：不明白，不理解。
金梭：对梭子的美称。
不道：没有料到。

弄不懂牛郎到底打的什么主意，又是怎么想的，非得邀天上的织女来织满天的锦绣云霞。

每年人们都要在七月七日晚上向天上的织女乞求赐予刺绣、纺织等聪慧、智巧，但实际上，人间的智巧已经是很多了，多得有点可怕了。

诗人在这里并非是在赞扬人间的机巧，而是别出心裁，通过歌咏七夕的乞巧民俗而讽刺人间尔虞我诈的丑恶现象。

# 天上的星星

文/贾平凹

大人们快活了，对我们就亲近；他们烦恼了，却要随意骂我们讨厌，似乎一切烦恼都要我们负担，这便是我们做孩子的不曾明白的。天擦黑，我们才在家捉起迷藏，他们又来烦了，大声呵斥。我们只好蹑蹑地出来，在门前树下的竹席上，躺下去，纳凉是了。

闲得实在无聊极了：四周的房呀、墙呀、树的，本来就不新奇，现在又模糊了，看上去黝黝的似鬼影。我们伤心了，垂下脑袋。不知道这夜该如何过去，痴呆呆地守着瞌睡虫爬上眼皮。

"星星！"妹妹突然叫了一声。我们都抬起头来，就在我头顶，出现了一颗星星，小小的，却极亮极亮。我们就好奇地数起星星来，数着那是四个光角儿呢，还是五个光角儿，但就在这个时候，那星的周围又出现了几颗星星，就是那么一瞬间，几乎不容觉察，就明亮亮地出现了。啊，两颗，三颗，十颗……奇迹是这般迅速地出现，一时间，漫天星空，一片闪亮。

夜空再也不是荒凉的了，星星们都在那里热闹，有挑担的，也有提着灯笼跑的。

我们都快活起来了，一起站在树下，扬着小手。星星们似乎很得意了，向我们挤弄着眉眼，鬼鬼地笑。

过了一会儿，月亮从村东口的那个榆树丫子里升上来了。它总是从那儿出来，冷不丁地，常要惊飞了树上的鸟儿。先是玫瑰色的红，接着，就黄了脸，瞬间，它就又白了，极白极白的，夜空里就笼上了一层淡淡的乳白色。我们都不知道这月亮是怎么了，却发现星星少了许多，留下的也淡了许多。这使我们大吃了一惊。

"这是怎么了？"妹妹慌慌地说。

"月亮出来了。"我说。

"月亮出来了为什么星星就少了呢？"

我们闷闷不得其解。坐了一会儿，似乎就明白了：这漠漠的夜空，恐怕是属于月亮的，它之所以由红变黄，由黄变白，一定是生气，嫌星星们不安分，在吓唬它们哩。

"哦，月亮是天上的大人。"妹妹说。

我们都没有了话说。我们深深懂得大人的威严，又深深可怜起星星了：月亮不在的时候，它们是多么有精光灵气；月亮出现了，它们就变得这般猥琐了。

我们再也不忍心看那些星星了，低了头走到门前的小溪边，要去洗洗手脸。

溪水浅浅地流着，我们探手下去，才要掬起一抔来，但是，我们差不多全看见了，就在那水底里，有着无数的星星。

"啊，它们藏在这儿了。"妹妹大声地说。

我们赶忙下溪去捞，但无论如何也捞不上来。我们明白了，那一定是星星不能在天上，就偷偷躲藏在这里了。我们就再不声张，不让大人们知道，让它们静静地躲在这里好了。

于是，我们都走回屋里，上床睡了。却总是睡不稳——那躲藏在水底的星星会被天上的月亮发现吗？可惜藏在水底的星星太少了，更多的还在天上闪着光亮。虽然它们很小，但天上如果没有它们，那会是多么寂寞啊！

大人们又骂我们不安生睡觉了，骂过一通，就打起了鼾。我们赶忙爬起来，悄悄溜到门外，将脸盆儿、碗盘儿、碟缸儿都拿了出去，盛了水，让更多更多的星星都藏在里边吧。

## 读与写

### 精妙的谋篇布局

　　"文似看山不喜平"，文章中，作者把天上不同的时间内出现的星星勾勒出数幅图画：星光璀璨、月明星稀、水中藏星……小说化的布局谋篇与起承转合，让大家都司空见惯的星星变得更耐读。

中元节

万点银花散火城　　　农历七月十五

# 寒光月易缺，
# 青焰灯长明

民间传说，在中元节这一天，地宫门开，那些逝去亲人的魂灵会回到家里享受供祭，这是一个和逝者有关的节日。

农历七月半正值初秋，作物成熟，禾稼丰收，人们酬谢大地，并祭告先祖，一起分享收获的喜悦。在这一天，许多人或登舟，或沿岸，将做成荷花形状的灯点燃后，放入江河湖海，任其漂流。烛光千盏，随波荡漾，人们以此给黑暗中的魂灵照亮回家的路。

抛却繁复的宗教仪轨不谈，或许中元更多的意义在于告慰。当我们用新秋的收获去告慰先祖，传递的是一份不曾忘怀的血缘亲情，还有那些对世间万物的敬畏以及对善意的回馈。

### 放河灯

放河灯又叫放荷灯，是中元节的重要习俗。人们将制作的荷花灯放入河里，任其随波逐流，用以表达对逝去亲人的追念，对活着人们的祝福。

### 祭祖

中元节也是中国人传统的祭祖大节。此时盛夏已经过去，秋凉刚刚开始。民间相信祖先的灵魂也会在此时返家探望子孙，故于中元节扫墓祭祖，以示孝敬、不忘本。

### 盂兰盆会

这是在农历七月十五举行的一种民俗仪式，为的是祈福父母亲人身体健康、延年益寿。

# 长安杂兴效竹枝体

〔清〕庞垲

万树凉生霜气清，

中元月上九衢qú明。

小儿竞把清荷叶，

万点银花散火城。

九衢：四通八达的大道。这里指京城的大道。

把：提着。

清荷叶：指荷叶灯。

这首诗形象描绘了中元节儿童持荷叶灯结伴游乐的情景。中元时节，长安的夜晚已经泛着些些凉意。在这个明月当空的夜晚，清风徐徐吹过，人们走出家门，享受世间美好。你看，那群小孩提着荷叶灯，嬉戏游玩。远远望去，人们燃放的河灯好像点亮了整座城池。

# 放河灯

文/萧红

七月十五盂兰会，呼兰河上放河灯了。

河灯有白菜灯、西瓜灯，还有莲花灯。

和尚、道士吹着笙管笛箫，穿着拼金大红缎子的褊衫，在河沿上打起场子来在做道场。那乐器的声音离河沿二里路就听到了。

一到了黄昏，天还没有完全黑下来，奔着去看河灯的人就络绎不绝了。哪怕终年不出门的人，也要随着人群奔到河沿去。沿着河岸蹲满了人，可是从大街小巷往外出发的人仍是不绝，把街道跑得冒了烟。喊喊喳喳，把往日的寂静都冲散了，各个街道都活了起来，好像这城里发生了大火，人们都赶去救火的样子，非常忙迫，踢踢踏踏地向前跑。

先跑到了河沿的就蹲在那里，后跑到的，也就挤上去蹲在那里。

大家一齐等候着，等候着月亮高起来，河灯就要从水上放下来了。

七月十五日是个鬼节。这一天若是每个冤魂怨鬼托着一个河灯，就可得以脱生，所以放河灯这件事情是件善举。

但是当河灯一放下来的时候，和尚为着庆祝鬼们更生，打着鼓，叮当

地响。念完了经，就吹笙管笛箫，那声音实在好听，远近皆闻。

同时那河灯从上流拥拥挤挤，往下浮来了。浮得很慢，又镇静、又稳当，绝对看不出来水里边会有鬼们来捉了它们去。这灯一下来的时候，金呼呼的，亮通通的，又加上有千万人的观众，这举动实在是不小的。河灯之多，有数不过来的数目，大概是几千只。两岸上的孩子们，拍手叫绝，跳脚欢迎。大人则都看得出神了，一声不响，陶醉在灯光河色之中。灯光照得河水幽幽地发亮。水上跳跃着天空的月亮。真是人生何世，会有这样好的景况。

一直闹到月亮来到了中天，大昴星、二昴星、三昴星都出齐了的时候，才算渐渐地从繁华的景况，走向了冷静的路去。

河灯从几里路长的上流，流了很久很久才流过来了，再流了很久很久才流过去了。在这过程中，有的流到半路就灭了；有的被冲到了岸边，在岸边生了野草的地方就被挂住了。流到极远处去的，似乎那里的河水也发了黑，而且是流着流着就少了一个。

　　当这河灯，从上流的远处流来，人们是满心欢喜的，等流过了自己，也还没有什么，唯独到了最后，那河灯流到了极远的下流去的时候，使看河灯的人们内心无由地来了空虚——觉得河灯是被鬼们托着走了。

　　多半的人们，看到了这样的景况，就抬起身来离开了河沿回家去了。于是不但河里冷落，岸上也冷落了起来。

　　这时再往远处的下流看去，看着，看着，那灯就灭了一个。再看着看着，又灭了一个，还有两个一块灭的，于是就真像被鬼一个一个地托着走了。

　　打过了三更，河沿上一个人也没有了，河里边一个灯也没有了。

## 读与写

### 素材——文章里的肉和菜

　　作家萧红细致地描绘了放河灯的整个过程，读后像似亲临其境一般。这其中的很多细节是需要大量素材来支撑的。就像是一桌佳肴既有肉又有菜，便有滋又有味；反之，则会显得平淡乏味。所以，素材积累很重要！现在，可以通过观察、阅读、上网等方式搜集素材，办法可比作家生活的年代丰富得多呢。

中秋节

今夜月明人尽望　　农历八月十五

# 但愿人长久，
# 千里共婵娟

中国人将四季分割，各有孟、仲、季之说。而农历八月十五恰逢仲秋，时序三秋之半，此夕的月亮又倍明于常时，最为圆满、醉人，这一日便在中国人的有意无意间，生出许许多多不一样的风情，是为中秋节。

从汉唐，到宋元，再而明清，一轮明月倚天，清辉不减，离别的人总会在这天格外思念故乡，思念亲人；团圆的人们则于是日把酒言欢，赏月、闻桂香、吃月饼，欢享团聚的每一刻。

纵然光阴流转，地理变幻，天上的月亮亦有阴晴圆缺，地上的人们也各有悲欢离合。但中秋节的诸般种种，都成了中国人直抒胸臆的远方与眼前。

### 赏月

赏月的习俗来源于祭月。民间中秋赏月活动约始于魏晋时期，但未成习。到了唐代，中秋赏月、玩月颇为盛行，许多诗篇中都有咏月的佳句。待到宋时，形成了以赏月活动为中心的中秋民俗节日，正式定为中秋节。

### 吃月饼

吃月饼也是过中秋节必不可少的习俗。人们把赏月与吃月饼结合在一起，寓意家人团圆，寄托思念。同时，月饼也是中秋时节朋友间联络感情的重要礼物。

### 赏桂花、饮桂花酒

农历八月，古称桂月，此时正是桂花花期，赏桂正当时。中秋之夜，仰望着月中丹桂，闻着庭院阵阵桂香，再喝一杯桂花蜜酒，欢庆合家甜甜蜜蜜，成为节日间一种美的享受。

# 中秋月

〔宋〕苏轼

暮云收尽溢清寒，

银汉无声转玉盘。

此生此夜不长好，

明月明年何处看。

溢：满出。暗寓月色如水之意。
清寒：清朗而有寒意。
银汉：即银河。
玉盘：指月亮。

夜幕降临，天上层云尽收，天地间充满了微凉的寒气。举目望
去，银河无声地倾泻，明月好似玉盘一样，缓缓地移动着。我
一生之中，能在中秋之夜，巧遇如此良辰美景，着实不易。那
明年的中秋，我又将在何处赏月呢？
作者用真情描述了与胞弟苏辙久别重逢、共赏中秋月的赏心乐
事，同时也抒发了聚后不久又得分手的哀伤与感慨。

# 桂花卤·桂花茶

文/琦君

　　家乡老屋的前后大院落里，最多的是桂花树。一到八九月桂花盛开的季节，那岂止是香闻十里，简直是全个村庄都香喷喷的呢。古人说："金风送爽，玉露生香。"小时候老师问我怎么解释，我就信口地说："桂花是黄色的，秋天里，桂花把风都染成黄色了，所以叫作金风。滴在桂花上的露珠，当然是香的，所以叫玉露生香。"老师点头认为我胡诌得颇有道理哩。

　　母亲却能把这种桂花香保存起来，慢慢儿地享受，那就是她做的桂花卤、桂花茶。桂花有银桂、金桂二种，银桂又名木樨，是一年到头月月开的，所以也称月月桂。花是淡黄色的，开得稀稀落落的几撮，深藏绿叶之中，散发着淡淡的清香，似有若无。老屋正厅庭院中与书房窗外各有一株。父亲于诵经吟诗之后，总喜欢命我端把藤椅坐在走廊上，闻闻木樨的清香，说是有清心醒脾之功。所以银桂的香味在我心中留下特别深刻的印象。在台北时，附近巷子里有一家院墙里有一株，轻风送来香味时，就会逗起我思念故乡与亲人。

　　与银桂完全不同的是金桂，开的季节却是中秋前后。金黄色的花，成串成球，非常茂密，与深绿色的叶子相映照，显得很壮观。但是开得快，谢得也快。一大阵秋雨，就纷纷零落了。母亲不像父亲那样，她可没空闲端把椅子坐下来闻桂花香，她关心的是金桂何时盛开，潇潇秋雨，何时将至。母亲称之为秋霖，总要抢在秋霖之前摇下来才新鲜。因为一被雨水淋过，花香就消失了。不像银桂，雨打也不容易零落，次日太阳一照，香气又恢复了。所以父亲说木樨是坚忍的君子，耐得起风雨，金桂是赶热闹的小人，早盛早衰。母亲却不愿委屈金桂，她说银桂是给你闻的，金桂是给你吃的，不是一样的好吗？什么君子小人的！

摇桂花对母亲和我来说，是件大事，其忙碌盛况就跟谷子收成一般。摇桂花那一天，必须天空晴朗，保证不会下雨。一大早，母亲就在最茂盛的桂花树上，折二枝供在佛堂里与祖先神位前，那一份虔敬，就仿佛桂花在那一天就要成仙得道似的。

太阳出来晒一阵以后，长工就帮着把篾簟<sup>diàn</sup>铺在桂花树下，团团围住。然后使力摇着树干，花儿就像落在簟子上。我人矮小，力气又不够，又不许踩到簟子里，只有站在边上看；一阵风吹来，桂花就纷纷落在我头上、肩上，我就好开心。也世上有这样可爱喷香的雨吗？父亲还做了首诗说"花雨缤纷入梦甜"。真的是到今天回味起来，都是甜的呢。

摇下来好多簟的桂花，先装在篓里。然后由母亲和我，还有我的小朋友们，一同把细叶子、细枝、花梗等拣净后看去一片金黄，然后在太阳下晒去水分。待半干时就用瓦钵装起来，一层糖（或蜂蜜），一层桂花，用木瓢压紧装满封好，放在阴凉处；一个月后，就是可取食的桂花卤了。过年做糕饼是绝对少不了它的，平常汤圆、糯米粥等，挑一点加入也清香提神。桂花卤是越陈越香的。

母亲又把最嫩的明前或雨前茶焙热，把去了水气半干的桂花和入，装在罐中封紧，茶叶的热气就把桂花烤干，香味完全吸收在茶叶中。这是母亲加工的做法，一般人家从我们家，讨了桂花就只将它拌入干的茶叶中，桂花香就不能被吸收，有的甚至烂了。可见什么东西都得花心思，有窍门的。剩下的，母亲就用作枕头芯子，那真合了诗人说的"香枕"了。

母亲日常生活，十二分简朴，唯有泡起桂花茶叶来，是一点不节省的。她每天在最忙碌之时，都要先用滚水沏一杯浓浓的桂花茶，放在案

头，边做事边闻香味，到她喝茶时，水已微凉了。她一天要泡两次桂花茶，喝四杯。她说桂花茶补心肺，菊花茶清肝明目，各有好处。她还边喝边唱："桂花经，补我心，我心清时万事兴。万事兴，虔心拜佛一卷经。"喝过的茶叶，她都倒在桂花树下，说是让花叶都归根。母亲真真是通晓大自然道理的"科学家"呢。

杭州有个名胜区叫满觉垄，盛产桂花。八九月间，桂花盛开时，也正是栗子成熟季节。栗树就在桂树林中，所以栗子也有桂花香味。我们秋季旅行时，在桂花林中的摊位上坐下来，只要几枚铜板，就可买一碗热烫烫的西湖白莲藕粉煮的桂花栗子羹。那嫩栗到嘴便化，真是到今天都感到齿颊留芳。林中桂花满地，踩上去像踩丝绒地毯上。母亲说西方极乐世界有"玻璃琉璃，金沙铺地"。我想那金沙哪有桂花的软、桂花的香呢。

故乡的桂花，母亲的桂花卤、桂花茶，如今都只能于梦寐中寻求了。

### 讲好一件小事

　　作家琦君通过桂花茶、桂花卤来切入，讲述自己和父亲、母亲生活在一起的那些幸福快乐的日子，着重呈现了母亲的勤劳、平和、慈爱的形象。桂花卤香甜糯软，作者对故乡、对母亲的深深思念，一一展现。

重阳节

遥知兄弟登高处　　　农历九月初九

# 赏菊登高去，
# 扶老携幼归

　　在中国人的观念中，"九"为阳数，又为极数，农历九月初九，两九相重，日月并阳，是为重阳。

　　重阳正值凉秋，几场新雨消减了盛夏残存的余热，习习凉风送来了宜人的秋色。彼时登高，目之所及，大地山川一派天高云淡、清新凉爽之景，令人心旷神怡。更在此时，菊花新开，黄菊淡雅，白菊高洁，紫菊红菊热烈深沉，这些缤纷的色彩又添秋日馨香。除却此番游赏，合着双九的日子，重阳还有了敬老尊贤的好意。

　　或许，在行色匆匆的今人眼中，重阳日的一番风景并不那么重要，也没有人再相信登高可以祛疫避灾，饮菊花酒能带来吉祥，但"遥知兄弟登高处，遍插茱萸少一人"的情谊总能在这秋色中永恒。

### 登高

重阳登高最早由登高避灾的传说而来。农历九月正是大雁南飞、秋水清碧的季节，此时登高望远，不仅可以锻炼身体，同时能让人心情舒畅。

### 赏菊、饮菊花酒

重阳节，正是菊花怒放之时，菊花历来被文人墨客视为高洁的象征，而菊花酒也被当作祛灾祈福的"吉祥酒"。在重阳时邀三五好友，共赏菊花，同饮菊酒，乃人生一大乐事。

### 佩戴茱萸

茱萸是一种常绿带香植物，也被称为"辟邪翁"。民间认为在重阳这天插茱萸可以驱邪避灾。人们或将茱萸直接佩戴在手臂之上，或将其置于香袋之中佩戴，抑或直接插在头上。

# 九日齐山登高

〔唐〕杜牧

江涵秋影雁初飞，

与客携壶上翠微。

尘世难逢开口笑，

菊花须插满头归。

江涵：即江水。
翠微：指青山。

在重阳佳节，诗人与友人提酒壶同爬青山，眼看雁过江上南飞，秋高气爽，心情愉悦。

正值重阳，秋日初至，树叶飘落，大雁南飞，而澄澈的江水将这一幕幕萧瑟之景一一记录。我邀好友，携美酒，共登青山，同赏秋景。

尘世之中，纷扰不少，难得开口一笑。但在这山林之间，我与友人摘菊花，并插在头上，开心而归，实乃人间快事。

# 碧云寺的秋色

文/钟敬文

这几天，碧云寺的秋意一天天浓起来了。

寺门口石桥下的水声，越来越显得清壮了。晚上风来时，树木的呼啸，自然不是近来才有的，可是，最近这种声响更加来得频繁了，而且声势是那么浩大，活像冲近堤岸的钱塘江的夜潮一样。

最显著的变化，还在那些树木叶子的颜色上。

碧云寺是一个大寺院。它里面有不少殿塔、亭坊，有许多形态生动的造像。同时，它又是一个大林子。在那些大小不等的院子里，都有树木或花草。那些树木，种类繁多，其中不少还是活上了几百岁的参天老干。寺的附近，那些高地和山岭上，人工种植的和野生的树木也相当繁密。如果登上金刚宝座塔的高台向四周望去，就会觉得这里正是一片久历年代的丛林，而殿堂、牌坊等，不过是点缀在苍翠的林子里的一些建筑物罢了。

我是旧历中秋节那天搬到寺里来的。那时候山上的气温自然已经比城里的来得低些。可是，在那些繁茂的树丛中，还很少看到黄色的或红色的叶子。

秋色正在怀孕呢。

约略半个月过去了。寺里有些树木渐渐开始在变换着颜色。石塔前的几株柿子树，泉水院前面院子里那些沿着石桥和假山的爬山虎，它们好像先得秋意似的，叶子慢慢地黄的黄，赤的赤了。

可是，从碧云寺的整个景色看来，这不能算是什么大变化。绿色的统治基本上还没有动摇，尽管它已经走近了这种动摇的边沿。

到了近日，情景就突然改变了。黄的、红的、赤的颜色触目都是。而

且它来得那么神速，正像我们新中国各方面前进的步子一样。

我模糊的季节感被惊醒过来了。

在那些树木里变化最分明的，首先要算爬山虎。碧云寺里，在这个院子，在那个院子，在石山上，在墙壁上……我们都可以看见它那蔓延的枝条和桃形及笔架形的叶子。前些时，这种叶子变了颜色的，还只限于某些院子里。现在，不论这里那里的，都在急速地换上了新装。它们大都由绿变黄，变红，变丹，变赤……我们要找出它整片的绿叶已经不很容易了。

叫我最难忘情的，是罗汉堂前院子里靠北墙的那株缠绕着大槐树的爬山虎。它的年龄自然没有大槐树那么老大，可是，从它粗大的根干看来，也绝不是怎样年轻了。它的枝条从槐树的老干上向上爬，到了分杈的地方，那些枝条也分头跟着枝桠爬了上去，一直爬到它们的末梢。它的叶子繁密而又肥大，（有些简直大过了我们的手掌），密密地缀满了槐树的那些枝桠。平常的时候，我们没有注意到它跟槐树叶子的差别。因为彼此形态上尽管不同，颜色却是一样的。几天来，可大不同了。槐树的叶子，有一些也渐渐变成黄色，可是，全树还是绿沉沉的。而那株爬山虎的无数叶子，却由绿变黄、变赤。在树干上、树枝上非常鲜明地显出自己的艳丽来。特别是在阳光的照射下，那些深红的、浅红的、金黄的、柑黄的……叶子都闪着亮光，人们从下面向上望去，每片叶子都好像是透明的。它把大槐树也反衬得美丽可爱了。

我每天走过那里，总要抬头望望那些艳丽的叶子，停留好些时刻，才舍得走开。

## 读与写

### 善用对比

行文前后用对比的方法更能凸显想要呈现的事物或情感。在本文中，作者首先描写了碧云寺树木的繁多和苍翠，这种苍翠坚持了很长的时间之后，在短时间内发生迅速的变化，用文中的话来说"黄的、红的、赤的"触目都是。这样的描写，让全文有了一个节奏的变化，使前后形成对比，突出了碧云寺的秋色。

腊八节

宜 鸣鼓祭祀
　　熬粥
　　食粥

腊月风和意已春　　农历腊月初八

# 腊祭风俗淳，
# 馈粥节物新

农历腊月初八，俗称"腊八节"，这是年节的开始，也是一岁的尾声。

秋收冬藏，腊月是丰盛的时节。先民多于此时鸣鼓围猎，举行"腊祭"，祭先祖，祭百神，祈求神明护佑来年的丰收和吉祥。后来固定在初八日，历代相沿，遂称"腊八"。

后因佛教流传，又有腊八食粥之俗。人们将谷、豆、百果汇于一锅，熬制粥食，是为斋僧供佛，也是阖家聚食的温馨与馈送亲邻、寒贫的美意。

如今，腊祭之俗渐衰，而粥尚温。寒冷的日子喝一碗腊八粥，暖胃驱寒。而自然、土地便在这一粥一饭，一分分郑重中，与我们中国人一同流转变化，成为最亲近的所在。

### 喝腊八粥

腊八粥也叫"七宝五味粥"，最初是佛教徒供佛所用，多用红小豆、糯米熬成。后民间也广为流行，食材逐步增多，愈加丰富。如今喝腊八粥已经是腊八节最普遍、最重要的习俗。

### 泡腊八蒜

到了腊八，年节的氛围渐浓厚，许多地区会在这天用醋泡蒜，称为"腊八蒜"。据传，蒜与算同音，旧时商家在腊八这天，要将一年的收支算出来，也叫"腊八算"。

### 酿腊八酒

在腊八这天，很多人会用糯米酿酒。待到次年，酒呈暗红色，晶莹透亮，酒味浓郁。这种酒数量不多，仅供家用。

### 祭祖、敬神

秦汉时，人们把祭祀先祖与祭神合称为"腊"，也因此称一年中最后一个月为腊月。后来逐渐固定在腊八这一天祭祖、敬神，祈求吉祥。

# 腊日

〔唐〕杜甫

腊日常年暖尚遥，

今年腊日冻全消。

侵陵雪色还萱草，

漏泄春光有柳条。

腊日：古人腊祭的日子。

侵陵：侵犯、欺凌。

萱草：一种草本植物，也叫"忘忧草"。萱草也被认为是中国的母亲花。

往年的腊日寒气逼人，今年却有些不同，冰雪早早地消散了。原本生长在春天的萱草好像故意在侵犯这一片茫茫雪色，悄悄冒出了新叶；嫩芽初绽的柳条已经暗示着春的到来。

作这首诗时，诗人心情愉悦，那迫不及待的一点春色也寄托着诗人对未来生活的憧憬。

# 腊八粥

文/冰心

　　从我能记事的日子起，我就记得每年农历十二月初八，母亲给我们煮腊八粥。

　　这腊八粥是用糯米、红糖和十八种干果掺在一起煮成的。干果里大的有红枣、桂圆、核桃、白果、杏仁、栗子、花生、葡萄干等等，小的有各种豆子和芝麻之类，吃起来十分香甜可口。母亲每年都是煮一大锅，不但合家大小都吃到了，有多的还分送给邻居和亲友。母亲说：这腊八粥本来是佛教寺煮来供佛的——十八种干果象征着十八罗汉，后来这风俗便在民间通行，因为借此机会，清理橱柜，把这些剩余杂果，煮给孩子吃，也是节约的好办法。最后，她叹一口气说："我的母亲是腊八这一天逝世的，那时我只有十四岁。我伏在她身上痛哭之后，赶忙到厨房去给父亲和哥哥做早饭，还看见灶上摆着一小锅她昨天煮好的腊八粥，现在我每年还煮这腊八粥，不是为了供佛，而是为了纪念我的母亲。"

　　我的母亲是1930年1月7日逝世的，正巧那天也是农历腊八！那时我已有了自己的家，为了纪念我的母亲，我也每年在这一天煮腊八粥。虽然我凑不上十八种干果，但是孩子们也还是爱吃的。抗战后南北迁徙，有时还在国外，尤其是最近的十年，我们几乎连个"家"都没有，也就把"腊八"这个日子淡忘了。

今年腊八这一天早晨，我偶然看见我的第三代几个孩子，围在桌旁边，在洗红枣，剥花生，看见我来了，都抬起头来说："姥姥，以后我们每年还煮腊八粥吃吧！妈妈说这腊八粥可好吃啦。您从前是每年都煮的。"我笑了，心想这些孩子们真馋。我说："那是你妈妈们小时候的事情了。在抗战的时候，难得吃到一点甜食，吃腊八粥就成了大典。现在为什么还找这个麻烦？"

　　他们彼此对看了一下，低下头去，一个孩子轻轻地说："妈妈和姨妈说，您母亲为了纪念她的母亲，就每年煮腊八粥；您为了纪念您的母亲，也每年煮腊八粥。现在我们为了纪念我们敬爱的周总理、周爷爷，我们也要每年煮腊八粥！这些红枣、花生、栗子和我们能凑来的各种豆子，不是代表十八罗汉，而是象征着我们这一代准备走上各条战线的中国少年，大家紧紧地、融洽地、甜甜蜜蜜地团结在一起……"他一面从口袋里掏出一小张叠得很平整的小日历纸，在一九七六年一月八日的下面，印着"农历乙卯年十二月八日"字样。他把这张小纸送到我眼前说："您看，这是妈妈保留下来的。周爷爷的忌辰，就是腊八！"

　　我没有说什么，只怃然地低下头去，和他们一同剥起花生来。

## 读与写

### 学会寄情于物

　　感情或纪念、缅怀，是看不见摸不着的事物，但它真真切切地存在，在用文字呈现这类真切存在又不可视、不可触的事物时，我们常常寄情于物。作者用腊八粥寄托了对先辈的思念，对领袖的缅怀，并在文中用腊八粥呈现了一种传承：作者写到了她的第三代子孙。一碗腊八粥，背后的故事或许就是一个家庭的故事，它会承载几代人，延续很多年，并向前不断延伸。

# 诗文点将录

### 春节篇

陆游（1125－1210），字务观，号放翁，越州山阴（今浙江绍兴）人。南宋著名文学家、爱国诗人。著有《剑南诗稿》《渭南文集》等。

张抗抗，当代著名女作家，中国作家协会副主席。其作品曾获"全国优秀短篇小说奖""第二届全国鲁迅文学奖"等多项荣誉。文章《城市的标识》入选北师大版小学语文六年级下册课文。

### 元宵节篇

崔液（？－714），字润甫，乳名海子，定州安喜（今河北定县）人。唐代诗人，擅长作五言诗。

王亚鸽，当代儿童绘本作家，中国古典文学博士。

### 春龙节篇

白居易（772－846），字乐天，号香山居士，祖籍山西太原。唐代伟大的现实主义诗人，唐代三大诗人之一，有"诗魔"和"诗王"之称。著有《白氏长庆集》。

王早早，当代儿童文学作家，北京作家协会会员。其已出版作品70多本，被译介到世界各国。绘本《安的种子》曾获"丰子恺儿童图画书奖"。

## 清明节篇

吴惟信，生卒年不详，南宋后期诗人，浙江吴兴人。其作品多描写景物，长于抒情。

徐鲁，当代著名儿童文学作家、诗人、散文家。湖北省作家协会副主席、"冰心奖"评委会副主席。其作品曾获"全国优秀儿童文学奖""五个一工程"奖等多项荣誉。散文《冬至的梦》入选冀教版小学语文六年级下册课文。

## 端午节篇

文天祥（1236－1283），号文山，江西人。宋末文学家，爱国诗人，民族英雄。著有《文山诗集》《指南录》《指南后录》《正气歌》等。

王轶美，当代儿童文学作家，上海市作家协会会员，中国科普作家协会会员，亲子阅读推广人。

## 七夕节篇

杨朴（921-1003），北宋布衣诗人。字契元（一作玄或先），自号东里野民。其人好学，善诗，天性恬淡孤僻，不愿做官，终生隐居新郑东里。有《东里集》传世。

贾平凹，当代著名作家，中国作家协会副主席，陕西省作家协会主席。贾平凹是当代文坛屈指可数的文学奇才，有"鬼才"之誉。其作品曾先后荣获"茅盾文学奖""鲁迅文学奖"等多项国内外荣誉。著有《贾平凹文集》。

# 诗文点将录

### 中元节篇

庞垲（1657—1725），字霁公，河北任邱人。清代诗人。工诗文词翰，善小行楷。有《丛碧山房集》传世。

萧红（1911－1942），近现代著名女作家，"民国四大才女"之一，被誉为"20世纪30年代的文学洛神"。代表作有《生死场》《呼兰河传》等。

### 中秋节篇

苏轼（1037—1101），字子瞻，号东坡居士，眉州眉山（今四川眉山）人。北宋著名文学家、书法家、画家，为"唐宋八大家"之一。苏轼是北宋的文坛领袖，在诗、词、散文、书、画等方面取得了很高的成就。有《东坡七集》《东坡易传》《东坡乐府》等传世。

琦君（1917—2006），中国台湾著名作家、散文家。本名潘希真，浙江温州人。其作品多以散文、儿童故事为主。文章《桂花雨》入选人教版五年级上册语文课文。

## 重阳节篇

杜牧（803-852），字牧之，号樊川居士，京兆万年（今陕西西安）人。唐代杰出的诗人、散文家。其诗歌以七言绝句著称，与李商隐并称"小李杜"。有《樊川文集》传世。

钟敬文（1903-2002），广东海丰人。著名民俗学家、民间文学大师、现代散文作家。代表性文学作品有《荔枝小品》《西湖漫话》《海滨的二月》《湖上散记》等。

## 腊八节篇

杜甫（712-770），字子美，自号少陵野老，唐代伟大的现实主义诗人。杜甫与李白并称"李杜"，他对中国古典诗歌的影响深远，被后人称为"诗圣"，他的诗被称为"诗史"。有《杜工部》集传世。

冰心（1900-1999），原名谢婉莹，福建长乐人。现代著名诗人、作家、翻译家、儿童文学作家、社会活动家、散文家。其总名为《寄小读者》的通讯散文，被誉为中国儿童文学的奠基之作。